Ma soeur n'est pas un cadeau !

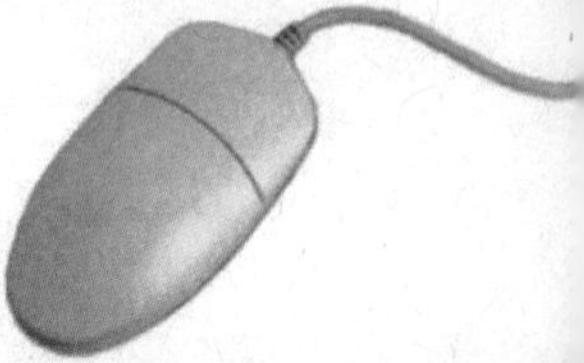

Du même auteur

Chez le même éditeur
dans la même collection :

L'Arbre de Joie, roman, 1999. Prix Boomerang 2000. Nouvelle édition : 2008 avec CD, narration : Pierre Verville. Illustrations : Stéphane Poulin.

Zzzut ! roman, 2001. Prix Communication-Jeunesse 2001. Sélection pour la Bataille des livres 2005-2006 et 2006-2007 (Suisse). Traduit en coréen.

Mineurs et vaccinés, roman, 2002, 2e position au Palmarès de Communication-Jeunesse 2002. Traduit en coréen.

Mon petit pou, roman, 2003, Finaliste Prix choix du public au Salon du livre de Trois-Rivières 2004. Finaliste au Prix Communication-Jeunesse 2004.

Un gardien averti en vaut trois, roman, 2004. Finaliste au Prix des abonnés des bibliothèques de la Mauricie et du Centre-du-Québec.

Le jour de l'araignée, roman, 2006.

La classe de neige, roman, 2006. Traduit en coréen.

Dominic en prison, roman, 2007, Prix d'illustration du Salon du livre de Trois-Rivières, 2008.

Face de clown, roman, 2008.

Le don de Yogi Ferron, roman, 2009.

Ma soeur n'est pas un cadeau !

un roman écrit par Alain M. Bergeron
et illustré par Sampar

SOULIÈRES ÉDITEUR

case postale 36563 — 598, rue Victoria
Saint-Lambert (Québec) J4P 3S8

Soulières éditeur remercie le Conseil des Arts du Canada et la SODEC de l'aide accordée à son programme de publication et reconnaît l'aide financière du gouvernement du Canada par l'entremise du Programme d'Aide au Développement de l'Industrie de l'Édition (PADIÉ) pour ses activités d'édition. Soulières éditeur bénéficie également du Programme de crédit d'impôt pour l'édition de livres – Gestion Sodec – du gouvernement du Québec.

Dépôt légal: 2009
Bibliothèque nationale du Canada
Bibliothèque nationale du Québec

Données de catalogage avant publication (Canada)

Bergeron, Alain M.

Ma soeur n'est pas un cadeau!
(Collection Ma petite vache a mal aux pattes ; 92

Pour les jeunes de 6 et plus.

ISBN 978-2-89607-097-8

I. Sampar. II. Titre. III. Collection: Collection Ma petite vache a mal aux pattes ; 92.
PS8553.E674M3 2009 jC843'.54 C2009-940633-0
PS9553.E674M3 2009

Illustration de la couverture et illustrations intérieures:
Sampar

Conception graphique de la couverture:
Annie Pencrec'h

Logo de la collection:
Caroline Merola

ISBN 978-2-89607-097-8

58692

Chapitre 1

Pas une bonne idée !

Non, ce n'est pas une bonne idée...

Entre la maison et le centre commercial où nous allons, ma jeune soeur Isabelle échappe sa botte cinq fois !

Or, c'est beaucoup de fois pour le froid de ce mois de décembre !

La première fois, je suis désolé pour elle, avec son pied

menu exposé aux morsures cruelles de l'hiver. Elle se tient sur une jambe, comme un flamant rose dans un habit de motoneige.

— Coucou, Dominic…

La cinquième fois, la pitié se transforme en exaspération. Je lui enfile sa botte et je me plante devant elle.

— Isabelle, tes orteils peuvent geler. Et si ça arrive, ils vont tomber. Tu sais ce que ça signifie ?

— Je les mets sous mon oreiller pour la fée des orteils ?

— La fée des orteils !?

— Mais oui, c'est la cousine de la fée des dents, affirme Isabelle.

— Mais non ! Il te faudra une nouvelle paire de bottes. Si tu n'as plus d'orteils au bout, les bottes seront trop grandes…

— Oui, mais si la fée des orteils dépose un dollar sous mon oreiller, je vais pouvoir m'en acheter des neuves, réplique-t-elle.

Pour une fillette de cinq ans, elle a de ces réponses. Je devrais attacher ses bottes ensemble avec un cordon, de la même manière que pour mes mitaines.

Je lui saisis le poignet, car elle refuse de me tenir la main.

— Allons trouver le cadeau pour grand-papa et grand-maman. Parce que le père Noël existe surtout pour les enfants…

— Oui ! Oui ! dit-elle, excitée, en bondissant sur le trottoir.

Elle balance ses bras et ses jambes et, pour la sixième fois, la voilà qui perd sa botte…

Chapitre 2

Avec l'aide de mes amis

Une fois arrivés au centre commercial, j'adresse mes recommandations à ma soeur.

— Si tu t'égares, tu t'assois et tu ne bouges plus, d'accord ?

— Oui... Parlant de s'asseoir, où sont les toilettes ? J'ai envie...

Ce n'est vraiment pas une bonne idée !

Il n'est pas question pour moi

de l'accompagner dans les toilettes pour dames. Je ne veux pas non plus qu'elle débarque chez les messieurs avec moi sur ses talons. Elle doit donc aller seule chez les dames.

— Qui va m'essuyer ? demande-t-elle en battant des paupières.

— N'essaie pas ça avec moi ! Ça ne fonctionne qu'avec papa ! Là où tu vas, tu n'es jamais mieux servie que par toi-même…

Au bout de plusieurs longues minutes, elle réapparaît finalement. Elle traîne derrière elle une longue lisière de papier hygiénique. Je suis embarrassé.

— Franchement, Isabelle !

— Oooooh ! s'exclame-t-elle, ravie. On dirait la traîne d'une mariée !

Avant notre départ, papa m'a donné de l'argent pour le cadeau des grands-parents. Pendant ce temps, maman et lui allaient décorer la maison pour les Fêtes.

Je rencontre mes amis Anthony et Xavier à la sortie du couloir menant aux toilettes. Ils compatissent avec moi quand je leur raconte que je m'occupe de ma soeur.

— Et elle est où, Isabelle ? demande Anthony.

— Isabelle !!!!

À peine deux minutes d'inattention, et la voilà perdue. Dans l'histoire du centre commercial, c'est probablement un record.

— Elle est là, ta soeur, me rassure Xavier de sa voix aiguë.

Venue de nulle part, elle s'amène en sautillant.

— Une vraie grenouille…

— Un vrai kangourou, Doum-Doum, renchérit Anthony.

— Une vraie sauterelle, ajoute Xavier.

— Bonjour, Anthony. Bonjour, Xavier, dit-elle. Vous avez vu mon beau bas de Noël ?

Zut !

Isabelle porte dans le pied gauche une botte bleue et, dans l'autre, un bas de Noël rouge. Je soupire en secouant la tête.

— Où est ta botte ?

Elle pointe le pouce vers le magasin de chaussures, à deux

pas de nous. Sans attendre, je m'y rends avec elle.

— Où as-tu laissé ton autre botte ?

— Je ne m'en souviens plus, ça fait trop longtemps ! répond-elle avec une moue. Quelque part par là.

— Une de perdue, mille de retrouvées ! déclare Anthony.

Quelque part par là, c'est plus de 1 000 bottes d'enfants ! Et il y a des rangées complètes de

SPÉCIAL
2 POUR 1

bottes bleues, identiques à celles de ma soeur… Le magasin de chaussures propose aux clients son spécial des Fêtes : DEUX BOTTES POUR LE PRIX D'UNE.

— Je l'ai ! dit Xavier Beaulieu, apportant une botte bleue pour compléter la paire.

— Merci, Xavier ! Un bisooo-ooooooou ? chuchote Isabelle à son oreille, en s'accrochant au foulard de mon ami.

— Lâche-le, Isabelle ! Son visage vire au bleu.

— Il est drôle, Xavier, remarque Anthony. On dirait un Schtroumpf !

Xavier reprend des couleurs, mais il s'est trompé. Ce n'est pas la botte sur laquelle nous voulons mettre la main dessus et le pied de ma soeur dedans. Je leur précise que son nom est écrit à l'intérieur et que c'est la botte du pied droit.

Alors que Xavier essaie de démêler sa droite de sa gauche, Anthony l'aide :

— C'est la main avec laquelle… tu n'écris pas…

— Merci, dit Xavier qui se concentre un peu. Eh ! Je suis encore plus mêlé !

— De rien, sourit Anthony.

Après de vaines recherches, il ne nous reste plus qu'une solution. Anthony explique la situation à un employé à la moustache naissante. Celui-ci fait asseoir Isabelle – ce qui est déjà un exploit – et il réfléchit un bon moment.

— Attendez que je fouille dans ma mémoire…

— Je peux t'aider ? suggère Isabelle.

— Non, ça ne sera pas nécessaire... Ça y est ! Je crois savoir où elle se cache.

Son regard balaie les rayons et il repère une botte. Il jette un coup d'oeil à l'intérieur.

« Tadaaaam ! Et musique de cirque... »

Xavier s'empare de la botte. Il lit à l'intérieur :

« lebA ellebasI »

— lebA ellebasI ? Ce n'est pas le nom d'Isabelle, ça, indique-t-il. C'est l'endroit où les bottes ont été fabriquées, non ?

Je prends la botte à mon tour et je comprends tout.

— Tu as lu le nom à l'envers, Xavier Beaulieu ! lebA ellebasI, c'est Isabelle Abel.

— Moi, je le savais ! Moi, je le savais ! rigole ma soeur.

Nous quittons le magasin de chaussures. Sous mes supplications et avec la promesse de leur payer un maïs soufflé au cinéma, Anthony et Xavier renoncent à leur projet de continuer seuls leurs emplettes.

Xavier, lui, bougonne tandis qu'Isabelle le couvre de baisers.

— Ta soeur n'est pas un cadeau, Dominic…

Chapitre 3

La mitaine manquante

Mes amis, ma soeur et moi faisons une pause santé. J'achète du jus, du chocolat, des croustilles et de la réglisse. Le chocolat, c'est parce qu'Isabelle en a déjà avalé la moitié lorsque nous sommes passés à la caisse enregistreuse.

Le temps de payer, et ma soeur n'est déjà plus à mes côtés. C'est la deuxième fois en moins d'une demi-heure. Un autre record à ma fiche ! Incroyable !

Ouf ! Trente secondes plus tard, la revoilà qui se dirige vers moi... en pleurant.

— Il me manque une mitaine !

Ses mitaines, tricotées par sa mamie, sont très précieuses.

— Bon, voilà autre chose, se plaint Xavier.

— Elle est là-dedans !

Oups ! Je suis tellement gêné. Là-dedans... c'est le magasin de lingerie féminine !

— Tu n'aurais pas pu l'échapper dans une librairie, Isabelle !

— Mais on va y aller tout de suite ! décide Anthony. Cette jeune fille ne doit pas être privée de sa mitaine ! Elle pourrait attraper un rhume de doigt.

J'enfonce ma tuque jusqu'à mes oreilles. Je remonte mon

foulard sur mon nez. Quand il faut y aller…

— Ma mère ne veut pas que j'entre là-dedans, proteste Xavier Beaulieu. Je vous attends ici.

Il s'arrête à l'entrée du magasin.

En principe, la mitaine doit être par terre. Mais mon regard se porte sans cesse plus haut, là où sont accrochés d'immenses panneaux montrant des dames en en robes de nuit.

J'ai… chaud !!!

Je ne ris pas du tout. La dame sur la photo semble me suivre des yeux partout où je me déplace.

— J'ai ma mitaine ! me dit Isabelle.

— Où l'as-tu trouvée ?

— Elle était là, Dominic, dans la cabine d'essayage…

J'ai les jambes molles. Le rideau est tiré ; une dame, vue de dos, enfile un chandail par-dessus sa tête…

Il faut déguerpir d'ici. Parce que la dame, c'est ma professeure, madame Geneviève !

Chapitre 4

K.O.

Les Ho ! Ho ! Ho ! qui explosent dans le centre commercial attirent l'attention d'Isabelle.

— On va voir le père Noël ! On va voir le père Noël ! crie ma soeur en démarrant en trombe.

Je préviens mes deux amis :

— Vite ! Suivons-la !

C'est qu'elle est rapide la petite, sur ses petites pattes. Avec sa taille, elle n'a aucune difficulté à se faufiler, telle une souris, parmi les gens.

Quand nous atteignons le Royaume du père Noël, Isabelle est déjà dans la file d'enfants. Elle me fait de grands signes.

— Ici, Dominic ! Ici !!!

Je la rejoins aussitôt.

— As-tu des suggestions de cadeaux pour le père Noël ?

— Euh...

Elle énonce toutes les sections de jouets de tous les cata-

logues que nous avons reçus par la poste.

— Tu n'as droit qu'à un seul choix.

Elle croise les bras et boude.

— C'est pas juste !

L'attente paraît interminable. Près du trône du père Noël, je remarque un arbre de Noël aux branches garnies de cartes et de lumières. C'est l'Arbre de Joie. Je vais rappeler à mes parents de choisir un prénom dans ce sapin. Chaque année, notre famille achète un cadeau de Noël à un enfant démuni et on allume la lumière correspondant à son nom.

Eh ! J'aperçois ma cousine, Patricia, et son petit frère, Simon. Ils discutent avec un grand policier près de l'Arbre de Joie.

Peut-être que Patricia et Simon ont l'intention, eux aussi, de participer cette année à l'Arbre de Joie ? C'est très généreux de leur part, surtout que leur maman ne travaille plus depuis quelques semaines…

— C'est à moi ! dit Isabelle.

Enfin, le lutin la guide jusqu'au père Noël. Je l'accompagne d'un pas traînant. Isabelle s'élance sur ses genoux. L'homme grimace sous sa barbe blanche.

Mes amis s'amusent follement à mes dépens. Anthony pousse des Ho ! Ho ! Ho ! avec Xavier assis sur ses genoux, son pouce dans la bouche. Il incite ma soeur à tirer sur la barbe du père Noël. Ça, pas question !

— Que veux-tu pour Noël, ma grande Isabelle ? demande le père Noël.

— Euh… je veux un… Xavier Beaulieu.

— Ho ! Ho ! H… Un Xavier Beaulieu ? répète le père Noël, interloqué. C'est quoi, ça, un Xavier Beaulieu ?

Isabelle pointe le pouce vers mon ami.

— C'est ça, un Xavier Beaulieu. On peut lui donner plein de bisous et si on tire sur son foulard, il devient bleu…

— Comme un Schtroumpf, alors ? Ho ! Ho ! Ho ! Eh bien, je vais voir s'il m'en reste à l'atelier. Est-ce que je le glisse sous le sapin ?

— Non ! répond ma soeur. Vous le mettrez dans mon bas de Noël…

Pour la faire rire, le père Noël échange sa tuque avec celle d'Isabelle. Je n'ai pas prévu le geste, sinon j'aurais essayé de l'en empêcher. Mes parents ont été avisés, par lettre, d'une alerte aux poux dans le groupe de ma soeur…

Les tuques retrouvent leurs têtes respectives et Isabelle descend des genoux du père Noël. Excitée, elle commence à bondir partout. À cet instant, le père Noël s'avance pour l'embrasser sur le front. La tête dure de ma soeur rencontre le menton du célèbre personnage.

Bing !

Les genoux du père Noël flanchent et il s'écroule sur le plancher comme une poupée de chiffon... avec une barbe. Isabelle, de son côté, grimace en se tenant le dessus de la tête.

— Ouille ! Ouille ! Ouille ! Ça fait mal.

Pour ma part, je ne peux marmonner que :

— Aïe ! Aïe ! Aïe !

Le lutin qui accompagne le père Noël ne bronche pas d'un cil. Sa bouche est grande ouverte. Puis, ses épaules se mettent à sauter, légèrement d'abord, de plus en plus fort ensuite. Le visage enfoui dans ses mains, il est plié en deux. Il peine à reprendre son souffle. De grosses larmes coulent le long de ses joues. Il ne réussit à se calmer que pendant de courtes secondes. Il lui suffit de voir son patron étendu au sol... Et son fou rire reprend de plus belle.

Pour rajouter au ridicule de la situation, Anthony grimpe sur la scène. Il agite son bras de bas

en haut en direction du père Noël et il compte d'une voix forte :

— 1-2-3-4-5…

Mon ami ressemble à un arbitre à un match de boxe.

Là, le lutin se roule par terre en se tenant les côtes tant il souffre, le pauvre…

— 6-7-8-9-10 !

Anthony soulève le bras d'Isabelle. Il annonce à la foule de curieux qui se masse maintenant autour du trône du père Noël :

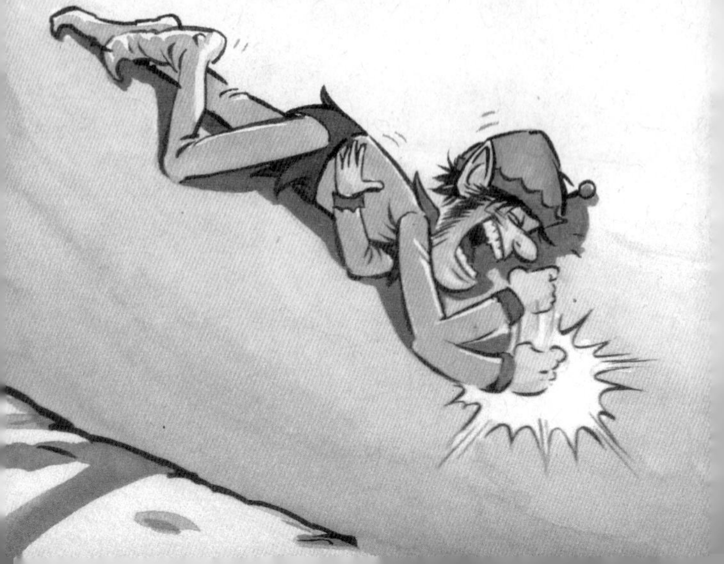

— Le poids plume, Isabelle Abel, l'emporte par *knock-out* sur le poids lourd, le père Noël, à la suite d'un direct à la mâchoire !

Il se penche sur le père Noël qui ouvre péniblement les yeux :

— Je comprends que vous aimez mieux donner que recevoir ! Ho ! Ho ! Ho !

Non, ce n'était vraiment pas une bonne idée d'amener ma petite sœur avec moi au centre commercial !...

Épilogue

Lorsque j'ouvre la porte de la maison, je suis épuisé ! Isabelle, elle, continue de jouer les grenouilles, les sauterelles et les kangourous. C'est l'effet du chocolat sûrement. Sur le chemin du retour, elle a perdu sa botte *seulement* trois fois. Xavier Beaulieu a dû la transporter sur son dos. Enfin, elle a voulu tracer des anges dans la neige à deux reprises, la petite démone…

Papa et maman nous accueillent avec un large sourire.

Les décorations de la maison sont terminées. Je les apprécierai un autre jour. De sa main, papa m'ébouriffe les cheveux. Maman tente de calmer Isabelle pour la déshabiller, avec d'infinies précautions. Elle constate la présence d'Anthony et de Xavier.

— Ah ? Vous avez eu de l'aide pour acheter les cadeaux…

Les cadeaux ? Les cadeaux !!!

Préoccupé par Isabelle, j'ai négligé la raison première de notre sortie : les cadeaux pour grand-papa et grand-maman !

Mes parents éclatent de rire. D'un geste vif, Anthony pige deux choux dans le sapin du salon et nous les colle sur la tête. Imitant le père Noël, il lance :

— Joyeux Noël ! Ce qu'ils sont choux, vos enfants ! Ho ! Ho ! Ho !

L'allure réjouie de papa et de maman montre à quel point ils sont emballés de nous avoir comme cadeaux !

— Nous irons acheter les cadeaux demain, assurent mes parents.

Je leur signale de ne pas oublier les enfants de l'Arbre de Joie.

— Nous n'y manquerons pas.

Isabelle trépigne d'excitation.

— Oui ! Moi aussi ! Moi aussi ! Je veux y aller !

Ça, c'est une bonne idée !

Alain M. Bergeron

Une précision dès le départ : mes soeurs aînées, Francine et Lise, sont des cadeaux ! Elles n'ont rien à voir avec Isabelle. En fait, mes soeurs s'identifieraient davantage à notre héros, Dominic Abel ; elles devaient composer avec deux jeunes frères plutôt agités. Bon, disons que nous avions l'excuse d'être des garçons... Est-ce une raison valable pour autant ? Cela dépend du point de vue !

Ma soeur n'est pas un cadeau ! est la septième aventure de la série Dominic et ses amis, série amorcée par *Zzzut !* en 2001 et illustrée de façon remarquable par mon chouette copain, Sampar. Il s'agit de mon 16e titre paru chez Soulières éditeur.

Sampar

Lorsque j'illustre une histoire, la plupart du temps je peux me permettre de rester dans mon bureau et faire voyager mon imagination. Je peux également consulter des documents d'archives, fouiller sur Internet pour arriver à mes fins. Mais parfois, des difficultés exigent de l'illustrateur d'aller sur le terrain. Pour *Ma soeur n'est pas un cadeau*! ne reculant devant rien et armé d'un indomptable courage, je me suis déplacé jusqu'au centre commercial pour visiter… ces boutiques de lingerie féminine, dont il est question dans ce roman d'Alain M. Bergeron.

Oh ! lalala ! Je comprends très bien la réaction de notre ami, Dominic Abel, devant toutes ces dames, légèrement vêtues, qui apparaissent sur de très grandes affiches et qui, effectivement, semblent me suivre des yeux… C'est assez troublant, merci. Surtout que j'ai exécuté quelques croquis sur place… et qu'une vendeuse m'a demandé les raisons de ma présence.

Gêné, vous dites ? Et comment !

Ça m'apprendra à illustrer des livres pour Soulières éditeur !

GARANT DES FORÊTS
INTACTES

Ce livre a été imprimé sur du papier Sylva enviro
100 % recyclé, traité sans chlore, accrédité Éco-Logo
et fait à partir d'énergie biogaz.

Achevé d'imprimer
à Montmagny (Québec)
sur les presses de Marquis Imprimeur
en octobre 2012